PLAN

D'ATTAQUE

DE L'ISLE

DE

SARDAIGNE,

POUR DONNER AUX SARDES

LA LIBERTÉ;

Suivi d'un Mémoire sur les moyens d'affranchir les parties méridionales de la République Française des funestes effets de tout accaparement des grains, & de prévenir toute disette en y maintenant continuellement l'abondance.

L'an Ier. de la République Française.

A MES CONCITOYENS.

FRÈRES ET AMIS,

A la veille de partir pour la Hollande, où je vais chercher des armes pour nos braves défenseurs, j'ai cru, avant de m'éloigner, devoir mettre sous vos yeux un plan d'attaque itérativement présenté par moi à l'Assemblée législative et aux Ministres.

Je joins à ce plan d'attaque, une lettre que j'ai adressée dans le tems à Cahier de Gerville, Ministre du Tyran, lettre dont le sujet étoit LES SUBSISTANCES, DANS L'ÉTAT DES CHOSES, à l'époque où je l'ai écrite. Elle fut renvoyée au Comité du commerce DE L'INTÉRIEUR. Elle ne produisit aucun effet, et elle resta même sans réponse.

A la suite des deux objets dont je viens de parler, j'ai fait réimprimer un autre mémoire, fait et présenté durant la session de cette Assemblée qui s'arrogea le titre de Constituante, mémoire que je croyois propre à faire cesser la disette fictive dont l'Etat étoit alors affligé.

Je vous invite, Frères et amis, à lire avec attention ces trois écrits; et je vous engage à mettre vos lumieres en usage pour ajouter,

A

ainsi qu'est capable de faire un grand nom-
bre de nos Concitoyens, aux simples résultats de mon expérience personnelle, que
je vous offre avec cordialité, fraternité et
sans la moindre prétention.

ANTOINE CONSTANTINI,

n°. 4, rue de Grenelle St-Honoré, Section. de la Hallè
aux bleds.

Paris. Ce 12 Octobre 1792. premier de la République
Française.

MÉMOIRE

REMIS

AU CITOYEN DUMOURIER,

MINISTRE DES AFFAIRES ÉTRANGÈRES

Dans le courant du mois de mai 1792, donné ensuite au Comité Diplomatique de l'Assemblée Nationale, et enfin au Conseil du Pouvoir-Exécutif.

N B. Toute Guerre purement et strictement offensive, seroit indubitablement une Guerre inconstitutionelle ; mais il ne faut point qualifier indistinctement d'offensif tout acte d'agression.

Si je suis prévenu que mon ennemi médite une attaque contre moi ; et si, dans un pareil cas, je préviens cette attaque par des actes,

A

dont l'effet ne sera que de l'empêcher de consommer ses desseins hostiles , évidemment je n'ai fait que me défendre.

C'est d'après ce principe de la politique la plus franche et la plus juste, que j'ai conçu, rédigé et présenté le Mémoire , ou *Note confidentielle*, qui suit, sur la possibilité et les moyens faciles et certains de s'emparer de l'Isle de Sardaigne.

1°. Il faut , en premier lieu, s'emparer des Isles *de la Magdeleine* et adjacentes, Isles connues sous le nom de *Bouches de Bonifacio , en Corse.*

Un fort élevé sur l'Isle de *Saint-Etienne* , l'une d'entr'elles , quelques canons, peu de troupes s'opposent au passage de nos vaisseaux , entre *la Corse* et *la Sardaigne.* Mais la conquête des Isles que je viens de désigner seroit facile : presque tous Corses d'origine et d'inclination , les habitans de ces Isles n'aspirent qu'à leur réunion au pays dont la plupart d'entr'eux sont sortis ; et, par un contre-coup sensible, à leur réunion à la France.

N. B. Dans le cas où on embrasseroit le plan que je propose, il ne faut pas omettre de s'emparer de la demi-galère *sarde* , qui séjourne dans l'un des ports des Isles désignées, ainsi que de quelques autres petits bâtimens , entretenus par le roi de Sardaigne, pour la garde des côtes de ce Royaume.

2°. Il seroit également nécessaire et facile de se rendre maître du château appellé *la Tour de Longo-Sardo ;* ce château est situé vis-à-vis la ville de Bonifacio , en Corse. Il y a du canon , fort peu de garnison. Sa prise seroit d'autant plus intéressante, que c'est lui qui serviroit à protéger le séjour de nos vaisseaux dans ce port, et qui, en cas de besoin, pourroit assurer le débarquement de nos forces en Sardaigne.

3°. La ville de *Tempio* est située à dix lieues de la mer. Cette ville n'est pourvue, non plus, que d'une foible garnison. Il seroit essentiel, et il seroit aisé de se ménager avec ses habitans, des intelligences secrettes.

A la vérité, ceux des Sardes par qui *Tempio* est habitée, sont tous armés, et la politique de la Cour de Turin a décidé celle-ci, à leur faire une solde, afin de se les attacher.

Mais au moyen d'une meilleure solde que celle qui leur est faite par cette Cour; en formant de ces Sardes, des Régimens dont tous les emplois seroient réservés aux individus, parmi eux, qui s'affectionneroient le plus sensiblement à la France, on réussiroit immanquablement à les détacher du Duc de Savoie.

Il faudroit pratiquer les mêmes moyens à l'égard des bourgs et des villages, dont la Ville de *Tempio* est environnée.

4°. Sur la droite de *Tempio*, au levant, est une petite ville appellée *Terra-nuova*; sur sa gauche, est une autre petite ville appellée *Castel-sardo*. Il faudroit s'emparer de l'un et de l'autre.

Castel-sardo est une place de guerre, située sur un rocher, au bord de la mer. Mais la conquête n'en seroit pas difficile : quand bien même on ne parviendroit point à s'y ménager des intelligences, elle pourroit être aisément bombardée du côté de la mer.

5°. Ces postes divers une fois en notre possession, on marcheroit droit à Sassary, ville considérable et très peuplée, dont la garnison, en tems de paix, ne consiste qu'en un seul régiment.

Les habitans de Sassary supportent avec impatience la domination de la Savoie : on pratiqueroit et on soutiendroit parmi eux des intelligences avec une extrême facilité ; et, vraisemblablement, l'assurance de participer aux avantages de la Constitution Française, les décideroit à nous tendre les bras, et à nous ouvrir leurs portes.

S'il devenoit nécessaire d'ajouter à ces moyens ceux de la force, il faudroit que celles qu'on y emploiroit dans le moment actuel, consistassent en trente mille hommes,

SAVOIR :

Troupes de ligne, dont quatre mille hommes pourroient sans inconvénient être fournis par les garnisons de l'Isle de Corse, et six mille autres être envoyés de France.

ci	10,000	hommes.
Volontaires à envoyer de France.	10,000	. . . . .
Volontaires de Corse.	4,000	. . . . .
Étrangers, tant Sardes qu'Italiens qu'il seroit aisé d'enrégimenter. . .	6,000	. . . . .

30,000   hommes.

En d'autres circonstances, le succès d'une pareille expédition auroit pu s'effectuer, moyennant une armée composée de douze mille hommes, dont six mille de troupes de ligne, quatorze mille de volontaires Français, et deux mille Corses.

Le siége mis devant Sassary, la moitié de la Sardaigne seroit, dès-lors même, au pouvoir des assaillans, et la reddition de cette ville importante pourroit devenir le fruit d'un simple blocus : parceque Sassary tirant ses subsistances des campagnes d'alentour, on lui couperoit surement les vivres, et parceque notre armée, maîtresse de ces mêmes campagnes qui sont d'une grande fertilité, en seroit toujours abondamment pourvue.

6°. De Sassary, l'armée dirigeroit ensuite sa marche contre Alghero. Celle-ci est une ville de guerre située sur les bords de la mer, au couchant de Sassary. Quoique bien moins peuplée que la dernière, la prise en seroit moins facile.

Alghero a toujours un régiment de garnison, et ses fortifications sont bonnes. Mais cette prise coûteroit néanmoins peu de sang : car, outre les intelligences qu'on pourroit se ménager dans la place, on lui couperoit aisément les vivres, qu'elle tire de la montagne.

7°. Alghero une fois soumise, la conquête de *Cagliary*, capitale de l'Isle, seroit assurée. Il seroit nécessaire que notre armée s'y portât toute entière, avec les Sardes, dont elle seroit parvenue à se grossir, par les moyens indiqués plus haut.

Cagliary est le siége du Gouvernement

provincial du Royaume de Sardaigne, et la résidence du vice-Roi Savoyard. Rien de plus aisé que de s'y faire un parti moyennant de l'argent.

Parvenu, par ce moyen, à s'y loger, les autres villes des montagnes, et les villages, ne feroient qu'une vaine et courte résistance. En moins d'un mois, les Français occuperoient, sans difficulté, la Sardaigne entière.

8°. Pour assurer l'exécution du plan de conquête qu'on vient de proposer, il seroit nécessaire de faire passer, en toute diligence, dans l'Isle de Corse, les troupes qui y seroient destinées.

Il faudroit aussi tenir ces troupes prêtes à être débarquées, à la fois, en Sardaigne; établir des croisières à la hauteur des Ports de Nice et de Livourne, afin d'empêcher que le Roi de Sardaigne n'y portât des secours de troupes et des munitions.

Ces dernières mesures bien assurées, une force très-médiocre se rendroit rapidement maîtresse de cette Isle abondante en subsistances, et disposée à changer de domination. La simple perception des impositions établies par le Gouvernement Savoyard, fourniroit à tous les frais de la conquête.

Il seroit indispensable, pour préparer l'exécution de ce plan, de faire passer en Sardaigne, des citoyens sûrs et intelligens, munis d'une connoissance suffisante du pays, de les charger de mettre en œuvre les moyens préparatoires des insurrections dont ils trouveroient le germe établi; leur fournir les moyens de le développer, et d'en soutenir l'explosion, en la combinant avec l'action de la force qu'on feroit aborder à propos.

Le soussigné a fait dans cette Isle un long séjour. Il offre ses services, avec une confiance d'autant plus décidée, que son zèle pour la sûreté et la gloire des armes de la France est hors de tout soupçon.

Il observe, en finissant, qu'il conviendroit à tous égards de confier la conduite de cette expédition au Général *Paoli*, de qui le civisme, et les talens militaires sont également avoués. Ses résultats sensibles et manifestes, seroient de procurer à la France, une position capable de tenir en respect le Roi des deux Siciles, et tous les petits Potentats d'Italie. Les États du Pape seroient à sa discrétion, et sa nouvelle conquête lui assureroit une grande abondance de productions utiles, avec d'immenses moyens de commerce et d'économie.

signé ANTOINE CONSTANTINI

N°. I.

Lettre de M, Constantini à M. Cahier de Gerville Ministre de l'intérieur, du 9 Février 1792.

MONSIEUR,

Le sieur Constantini voyant avec toute la peine qui doit affecter un bon citoyen, les entraves qu'éprouve, dans toutes les parties de l'Empire, la circulation des grains; con-

noissant les malheureux effets qu'elle pro-
duit sur l'enchérissement des denrées, et la
misère à laquelle est réduite la majeure partie
de la Nation, croit de son devoir de vous
présenter quelques idées que lui a fait
naître l'usage qu'il a du commerce des grains,
dans lequel il s'est exercé depuis sa jeunesse.

Le meilleur moyen, dans la circonstance
où nous sommes, d'approvisionner le midi,
n'est point le versement du surplus des Pro-
vinces dans cette contrée: la malveillance,
les craintes, les agitations, seront toujours
un obstacle et une occasion de troubles,
tant que l'ordre, la paix et l'uniformité de
sentimens n'existeront pas parmi nous, ou
que les ennemis du nouvel ordre des choses
ne seront pas mis dans l'impuissance de nuire.
La politique demande d'autres mesures. Les
connoissances du sieur Constantini dans la
partie des grains en assurent le succès; et
si le Gouvernement veut bien lui accorder
sa confiance, il se mettra en route aussitôt
pour diverses parties de l'Italie, comme
Rome, la marche d'Ancône, la M reme,
la Sicile, la Pouille et la Sardaigne, où il
a fait autrefois des spéculations considéra-
bles de ce genre, dont la nature, la quantité
et la durée l'ont mis à portée d'acquérir
toutes les instructions relatives aux qualités
des denrées, de leurs prix, aux poids et
mesures en usage, à leur variation, à leur
combinaison entre eux, au fret des vaisseaux, à l'activité et à la promptitude
qu'exigent les expéditions.

L'intérêt de l'État et le salut des citoyens
sont les seuls motifs qui l'animent dans la

demande qu'il fait auprès du Gouvernement, à l'effet d'être employé à l'approvisionnement des Départemens méridionaux, dans les diverses contrées d'Italie dont il vient de parler.

Le zéle et le désintéressement qu'il y mettra procureront bientôt l'abondance dans les localités qui manquent de grains, hâteront le terme des troubles et agitations qui rémplissent l'Empire, en tranquilisant le Midi sur ses subsistances, et arrèteront les efforts de la malveillance, en faisant échouer ses funestes projets.

Cet avantage est assez précieux pour être médité. Le sieur Constantini le verra sans doute prendre en considération par un Ministre patriote ; et il ne doute pas que si ses vues lui paroissent sages, il ne se fasse un devoir et un plaisir de le charger de leur exécution.

N°. I I.

Lettre du 27 Février 1792, écrite par le sieur Constantini à M. le Président de l'Assemblée Nationale, avec copie du mémoire présenté le 19 du même mois, au Ministre de l'Intérieur.

M. le Président.

J'ai l'honneur de vous faire passer un mémoire relatif à l'approvisionnement des subsistances méridionales. L'intérêt qu'elles méritent dans ce moment, appelle toute la sollicitude de l'Assemblée ; et ce motif puissant vous déterminera sans doute à lui en donner communication le plus promptement possible. etc.

MÉMOIRE.

N°. I I I.

La Sardaigne éprouva en 1780 une disette, malgré sa fertilité. La chereté du bled qui affligeoit alors l'Italie, et qui offroit un gain attrayant à l'avidité des Négocians, et même des Propriétaires, en fut la seule cause. Cette disette fut telle que la viande, le riz, etc. suppléerent au pain, et qu'on les donna gratis à la classe indigente.

Afin d'éviter par la suite une semblable calamité, on prit des mesures dans les principales villes de Sardaigne, pour maintenir en tous tems la valeur du pain à un taux fixe et modéré ; elles furent si sages, qu'on les a adoptées dans presque toute l'Italie. Les voici :

Chaque ville principale de Sardaigne a ouvert, dans son arrondissement, un emprunt d'une valeur suffisante pour approvisionner la Ville pour quatre mois ; les personnes aisées se faisoient un plaisir d'avancer leurs fonds pour cet effet. La Ville en paie annuellement les intérêts à 5 pour 100, et assure les fonds des Capitalistes sur ses biens. Cet emprunt est remis entre les mains d'un Caissier solvable ; avec cet argent, les Officiers Municipaux sont chargés de faire tous les ans l'achat du grain pour l'approvisionnement de la Ville, ce qu'ils font de la manière suivante.

Après la récolte, tout Boulanger ou particulier a le droit de prendre de huitaine en huitaine la quantité de grains qu'il lui faut pour son débit ou sa consommation, sur celui qu'on mene à la Halle pour y être vendu, depuis le matin jusqu'à midi, après quoi, la Ville achete pour son compte ce qui n'est pas vendu (a). On suit cette méthode pendant deux mois après la moisson : après lesquels, si la Ville n'a pas l'approvisionnement pour les *quatre mois*, elle achete en gros pour y suppléer ; et c'est d'après son approvisionnement fait qu'elle permet l'exportation à tous particuliers, si la récolte a été bonne ; mais si au contraire elle a été mauvaise, le Gouvernement est invité à défendre l'exportation (b)

Les Officiers Municipaux, après le dit

(a) Après la récolte, la Ville forme un Comité, composé de douze personnes, dont deux Fermiers et deux Laboureurs, pour fixer le prix du bled nouveau qui doit être vendu à la halle pendant les deux premiers mois. Ils consultent le prix du bled de l'année précédente, relativement à la nouvelle récolte, et font les choses de manière à contenter tant le vendeur, que l'acheteur

(b) Il est de l'intérêt du Gouvernement Sarde de permettre l'exportation du bled hors de l'Isle ; parcequ'il perçoit de droits six deniers pour livre pesante.

approvisionnement, font un double du journal qu'ils sont obligés de tenir, sur lequel ils portent la quantité, le prix et la nature du grain qu'ils ont acheté dans chaque marché.

Au mois de Mai, si le bled renchérit de dix pour cent au-dessus du prix de l'achat, la Ville commence alors à ouvrir ses magasins et distribue du grain aux seuls Boulangers, qui sont tenus d'en fournir la Ville au taux courant, et le bénéfice de 10 pour 100 sert à payer les intérêts de l'emprunt et les autres frais. Si au contraire le prix du bled n'est pas augmenté jusqu'à cette époque, la Ville garde son bled jusqu'à la nouvelle moisson, et alors elle obtient du Gouvernement la permission de le vendre exclusivement à tous les Négocians pour l'exportation.

L'année suivante, on suit la même méthode. La Sardaigne se trouve par ce moyen à l'abri de la disette.

De l'Imp. de MAYER & Compagnie, rue St. Martin, N°. 264, presque vis-à-vis la rue Maubuée.

9 782013 485166